I0098519

ƒL³m
3057

EXTRAIT DU XXVIᵉ VOLUME

DU

NOBILIAIRE UNIVERSEL

OU

RECUEIL GÉNÉRAL

DES

GÉNÉALOGIES HISTORIQUES ET VÉRIDIQUES

DES MAISONS NOBLES DE L'EUROPE

PUBLIÉ SOUS LA DIRECTION DE

M. LE COMTE DE MORANT ✠ ✠

1909-1910

FONDÉ EN 1841   FONDÉ EN 1841

PARIS

A LA DIRECTION DU COLLÈGE HÉRALDIQUE DE FRANCE

ET DES ARCHIVES DE LA NOBLESSE

M. Paul MARTINON, Directeur

101, rue de Miromesnil

D'HOUDOUART

COMTES DE THIÈVRES, SEIGNEURS DE ROSEREUIL, VAUDELICOURT, SAINT-LADRE, FONTAINE, ALTEVILLE, LA MOTTE, NEUILLY-LE-DIEU, LA LOGE, LA BASSE-FLANDRE, MONTAUBAN, MONTIGNY ET AVANCOURT.

ARMES : *parti : au I d'azur, à l'épée d'argent garnie d'or posée en barre, à la champagne d'argent chargée de deux branches de laurier en sautoir ; au II d'argent, à trois coqs d'azur crêtés et barbés de gueules 2 et 1.* — TIMBRE : *Couronne de Comte.* — SUPPORTS : *Deux lions d'or affrontés.* — La branche des Comtes de Thièvres portait : *d'azur, à deux fasces ondées d'or.*

fol. Linz
3057

tanislas-Joseph Houdouart quitta l'Irlande, pays d'origine de sa famille, sous le règne de Charles VII vers 1450 ; il se fixa en Artois et laissa la postérité ci-dessous rapportée.

Beaucoup de membres de cette famille se distinguèrent dans la carrière des armes. Strada parle (livre X de la guerre de Flandre) d'un Houdouart commandant de Breda, grand capitaine, fort estimé des gens de guerre et surtout d'Alexandre, Prince de Parme, son général.

Cette famille s'est divisée en six branches : une restée en Irlande, une en Flandre, une en Espagne, une en Bourgogne, une en Artois titrée comtes de Thièvres et une en Lorraine allemande (branche d'Alteville). Les quatre premières sont éteintes depuis longtemps. Les deux dernières seront rapportées ci-dessous, et ont contracté alliances avec les familles : de Servin, de Montmorency, d'Hermin, de la Forge, de Hatte, des Fossays, Le Vasseur d'Aubin, Prouvé, de Saisseval, le Marchant de Wallieux, Le Clerc d'Alteville, Le Clerc de Vauchelles, Bonnel de Dominois de la Tour du Pin Montauban, des Jardins de Gérauvilliers, Bourgeois de Richemont, de Laplace, Cherpitel, Provensal, Marchal, Turreau, de Linières, de Journel, Blanchaud, Tinney, Bonamy de Villemereuil.

1. *Stanislas Joseph*, lieutenant-colonel au service de l'Angleterre, se fixa en France sous le règne de Charles VII ; il eut deux enfants, une fille *Catherine Dorothée*, mariée à *Hector* DE MONTMORENCY, écuyer, et un fils qui suit :

II. *Ogier Ier*, écuyer, seigneur de Vaudelicourt (1495-1561), qui eut un fils unique.

III. *Ogier II*, écuyer, seigneur de Thièvres, et de Rosereul, Saint-Ladre, Vaudelicourt (1533-1602). Il fut le père de

IV. *Étienne*, écuyer, seigneur de Thièvres et de Rosèreuil (1569-1664). De son mariage avec Anne de Hatté il eut : 1° *Jean-Baptiste* rapporté ci-après ; 2° *Paul* qui suivra § II, auteur de la branche d'Alteville. *Étienne* épousa en secondes noces *Marthe* DE SERVIN dont il n'eut pas d'enfants.

BRANCHE DE THIÈVRES

V. *Jean-Baptiste*, écuyer, seigneur de Thièvres, Rosereuil, Saint Ladre Vaudelicourt (1624-1668), épousa *Marie-Thérèse* des Fossays (1) dont il eut :

1° *Luc-Joseph*, qui suit :
2° *Étienne*, écuyer, seigneur de Rosereuil et de Neuilly-le-Dieu, mort en 1739 laissant :

    A. *Anne*, mariée à Messire *Gaspard-François* Le Vasseur, écuyer, seigneur d'Aubin, d'Harbeck et des Fontaines.
    B. *Étienne*, écuyer, capitaine au bataillon de Péronne, chevalier de Saint-Louis, mort sans enfants.
    C. *Michel-Alexandre*, écuyer capitaine aux grenadiers de Picardie, chevalier de Saint-Louis, également mort sans enfants.

VI. *Luc-Joseph*, écuyer, vicomte de Thièvres, seigneur de Rosereuil, Saint-Ladre, La Loge, La Basse-Flandre, né en 1667, lieutenant au régiment des dragons de Sailly, chevalier de Saint-Louis, il eut deux enfants.

1° *François-André-Joseph* qui suit.
2° *Marie*, mariée au vicomte de Saisseval.

VII. *François-André-Joseph*, écuyer, seigneur de Thièvres, Rosereuil Saint-Ladre (1707-1779), chevalier de Saint-Louis, garde du corps du Roi, eut une fille et un fils.

1° *Marie-Thérèse-Joséphe*, née en 1737, mariée à *Antoine* Le Marchand de Walieux, seigneur de Gomicour Bouzincourt Boulan.
2° *André-Louis-François-Nicolas*, qui suit :

VIII. *André-François-Louis-Nicolas*, écuyer, seigneur de Thièvres, Montauban, Montigny, Avancourt (1741-1793), capitaine au régiment de Normandie, chevalier de Saint-Louis, épousa en 1770 *Adélaïde* Bonnel .de Dominois dont :

(1) *Marie-Thérèse* des Fossays épousa en secondes noces don Luc de Bénavidès, capitaine d'une compagnie de chevaux-légers et lieutenant-colonel d'un régiment de cavalerie pour le service de Louis XIV, allié aux ducs d'Albe ; il était de l'illustre et vice-royale famille des Bénavidès dans le royaume d'Aragon, natifs de Sarragosse.
L'anecdote suivante est rapportée sur le compte de Marie-Thérèse des Fossays : *M. de Breteuil, intendant de Picardie et d'Artois, lui rendant visite, dit en parlant de son mari que le roi n'avait pas eu un plus grand homme de guerre que lui et que s'il n'avait pas été si fier et si peu homme de cour il fut devenu maréchal de France, mais que sa fortune fut très bornée parce qu'il était étroitement uni au comte de Saint-Pol qui fut tué au passage du Rhin et qui avait tenu le parti de Monsieur le Prince dans sa disgrâce avec la France. Don Luc de Bénavidès est inhumé dans l'église de Thièvres, le roi lui a accordé des lettres de naturalisation qui sont homologuées au Trésor royal à Paris et enregistrées au Conseil d'Artois* (Le Chesnaye-des-Bois).

1° *Marie-Ursule*, mariée au comte Le Clerc de Vauchelles ;
2° *Philippe-Auguste*, comte de Trièvres, né le 17 octobre 1772, chevalier de
  Saint-Louis, père de la comtesse de la Tour du Pin Montauban ;
3° *Marc-Jean-Baptiste*, né le 3 mai 1774 qui eut un fils :
  A. *Marie-Victor-Albéric*, né le 10 mai 1813, mort en 1865, dernier
   de sa branche ;
4° *Paul-Alexandre*, né le 27 juillet 1779.

BRANCHE D'ALTEVILLE

V. *Paul*, écuyer, Seigneur de Fontaines passa au service de l'empire en
qualité de capitaine d'un régiment d'infanterie ; il épousa *Marie-Claude*
d'Hermin de la Forge et eut plusieurs enfants dont :
 VI. *Gilles*, maire de Phalsbourg, mort en 1722, laissant :

  1° *Jean-Baptiste*, qui suit :
  2° *Marie-Anne* ;
  3° *Jean-Nicolas*.

 VII. *Jean-Baptiste*, écuyer, lieutenant-colonel d'infanterie, épousa en
1741 *Madeleine* Prouvé dont il eut :
 VIII. *Jean-Joseph*, écuyer, seigneur d'Alteville (1751-1810), capitaine
d'infanterie, chevalier de Saint-Louis, émigré en 1793. De son mariage
avec *Elisabeth* le Clerc d'Alteville, il laissa :

  1° *Michel-Jean-Louis* qui suit :
  2° *Barbe-Elisabeth*, née en 1778, mariée à *Jean et Nicolas* Bourgeois de
   Richemont dont deux fils et une fille qui épousa le Général comte
   Mouravief Amourski ;
  3° *Jean-Joseph* qui sera rapporté après son frère.

 IX. *Michel-Jean-Louis* (1777-1831), épousa *Adèle* de Jardin de Gérau-
villers et en eut :

  1° *Jean-Baptiste-Théodore* (1803-1884), marié en 1835 à *Zoé* de Laplace
   et père de :
   A. *Marie-Suzanne-Hermine*, qui épousa en 1866 *Arthur* Bonamy de
    Villembreuil, capitaine de vaisseau.
  2° *Anne-Joséphine*, qui épousa en 1834 le capitaine Cherpitel (1805-1875) ;
  3° *Eulalie* (1807-1859) mariée à *Pierre* Provensal ;
  4° *Paul-Emile*, né en 1812, marié à *Annette* Marchal, dont deux filles :
   A. *Elisabeth-Marie*, né en 1851, qui épousa *Fritz* Tinney, officier
    dans l'armée allemande ;
   B. *Stéphanie*, née 1855.

IX. *Jean-Joseph*, frère de *Michel-Jean-Louis* ci-dessus (1790-1825), chef de bataillon, épousa *Caroline* TURREAU DE LINIÈRES, fille du général baron Turreau de Linières et de Joséphine Caillou de Garambouville dont il eut :

1° *Emile*, mort sans postérité ;
2° *Philippine-Alphonsine*, mariée à *Louis* BLANCHAUD ;
3° *Ferdinande*, mariée à *Théophile* DE JOURNEL ;
4" *Auguste*, né en 1817, marié à *Emile* DE JOURNEL fille de Théophile ci-dessus et de Emilie Beraud sa première femme.

Il mourut le 17 janvier 1907 sans postérité. Par un acte du 25 mars 1902 il a laissé à *Marcel* ROUËT DE JOURNEL, son neveu et petit-neveu, l'autorisation de relever son nom.

CONDITIONS DE LA SOUSCRIPTION

AU

NOBILIAIRE UNIVERSEL

Le NOBILIAIRE UNIVERSEL, continuant et reproduisant les grands ouvrages des D'HOZIER, P. ANSELME, DE LA CHESNAYE-DES-BOIS, DE SAINT-ALLAIS, DE COURCELLES, etc., paraît chaque année par volume imprimé avec luxe sur beau papier vélin, format grand in-4º, contenant chacun un grand nombre de notices généalogiques, ornées d'armoiries, de blasons gravés et de vignettes héraldiques. **Vingt-six** volumes ont été déjà publiés.

Il n'est inséré aucune notice sans que la demande en soit faite par les familles, et que les pièces justificatives produites à l'appui aient été reconnues suffisantes par le Conseil de rédaction.

PRIX DU VOLUME : 20 FRANCS

Vu les dépenses considérables qu'entraînent l'exécution soignée des armoiries et l'impression luxueuse de l'ouvrage, les frais d'insertion doivent être supportés en partie par les familles intéressées et se traitent de gré à gré.

ON SOUSCRIT

A la Direction du COLLÈGE HÉRALDIQUE DE FRANCE

101, rue de MIROMESNIL (Paris VIIIe)

ARCHIVES DE LA NOBLESSE

ET DU

COLLÈGE HÉRALDIQUE DE FRANCE

COMPRENANT LES ANCIENS CABINETS DE

D'HOZIER, LA CHESNAYE-DES-BOIS, CHEVILLARD, LACROIX (Généalogiste de l'Ordre de Malte), DE COURCELLES, DE SAINT-ALLAIS,

les Archives du Tribunal des Maréchaux de France et celles de l'Ordre de Malte, etc., etc.

Les ARCHIVES DE LA NOBLESSE ET DU COLLÈGE HÉRALDIQUE DE FRANCE ont centralisé en un seul et unique dépôt, tous les parchemins, preuves de noblesse officielle et titres nobiliaires des familles nobles, dispersés lors de la Révolution, et provenant des fameuses collections si laborieusement amassées successivement, depuis plus de deux siècles, par les d'Hozier, Juges d'armes de France; Chevillard, Historiographe de France; Lacroix, Juge d'armes de l'Ordre de Malte; de Saint-Pont; Fabre; de La Chesnaye-des-Bois, auteur du *Dictionnaire de la Noblesse*; de Courcelles; Baron de Joursanvault; de Saint-Allais, Alexis Monteil, etc., etc.

Elles sont actuellement le *seul* dépôt privé important de chartes et documents nobiliaires qui existe en France; elles ne comprennent pas moins de 1.000.000 de *chartes* et de 100.000 dossiers de familles classés par ordre alphabétique.

Les ARCHIVES DE LA NOBLESSE possèdent, en outre, toutes les généalogies de France, toutes les preuves de noblesse faites à différentes époques, pour les écoles militaires, les pages du Roi, les demoiselles de Saint-Cyr; les jugements de maintenue rendus en 1666; toutes les armoiries des familles qui sont inscrites à l'*Armorial général* créé en vertu de l'édit royal de 1696. En conséquence, la Direction est en mesure de fournir aux anciennes familles des renseignements inédits, et des actes originaux qu'elles n'ont pas, ainsi que des preuves de noblesse officielles, et à celles qui ont tenu par un *lien quelconque* à la noblesse le moyen de *reconstituer* leur état nobiliaire et leurs armoiries.

La Direction s'occupe d'archéologie nobiliaire, de paléographie, de toutes recherches historiques et généalogiques en France et à l'étranger, où elle a de nombreux *correspondants*, et fournit des consultations sur toute question héraldique ou généalogique qui a besoin d'être élucidée.

DIJON, IMPRIMERIE DARANTIÈRE.

www.ingramcontent.com/pod-product-compliance
Lightning Source LLC
Chambersburg PA
CBHW061814040426

42447CB00011B/2638